Stefan Stelzhammer

Schwierige Geschäftspartner
- der innerbetriebliche Konflikt

ISBN: 9798333029300

INHALT

Vorwort

Als Mediator habe ich mich auf die Vermittlung von Konflikten spezialisiert. Mein Ziel ist es, eine Win-Win-Situation für alle Beteiligten zu schaffen und langfristige Lösungen zu finden.

In meiner Arbeit als Mediator setze ich auf Empathie und Verständnis für beide Seiten. Ich höre aktiv zu und versuche, die Bedürfnisse aller Parteien herauszufinden. Dabei achte ich darauf, dass jeder seine Perspektive darlegen kann und sich gehört fühlt.

Durch gezielte Fragen bringe ich Klarheit in den Konfliktverlauf und erarbeite gemeinsam mit den Beteiligten mögliche Lösungsansätze. Hierbei lege ich großen Wert darauf, dass diese realistisch umsetzbar sind.

Meine Erfahrung zeigt mir immer wieder: Eine erfolgreiche Konfliktlösung basiert auf einer offenen Kommunikation sowie dem Willen beider Seiten zur Zusammenarbeit.

Da ich, neben meiner Tätigkeit als Mediator auch fertigausgebildeter und erfahrener Versicherungs- und Vermögensberater bin, kann ich Ihnen in jeder Lebenslage unterstützend zur Seite stehen.

Als neutraler Dritter stehe ich Ihnen somit gerne und überall zur Seite - kontaktieren Sie mich einfach!

Brief an den Leser

Liebe Leserinnen und Leser,

ich freue mich, Ihnen mein neuestes Buch "**Schwierige Geschäftspartner - der innerbetriebliche Konflikt**" vorstellen zu dürfen. In diesem Brief möchte ich Ihnen einen Einblick in die Inhalte und Ziele des Buches geben.

Meine Absicht ist es, Ihnen als Leser eine umfassende und praxisorientierte Anleitung zur Bewältigung von Konflikten mit schwierigen Geschäftspartnern zu bieten. In meinem Buch behandele ich alle wichtigen Schritte und Aspekte, die es Ihnen ermöglichen, konstruktiv mit Konfliktsituationen umzugehen und dabei erfolgreiche Beziehungen aufzubauen.

Konflikte am Arbeitsplatz sind unvermeidlich, aber mit den richtigen Strategien und Techniken können sie konstruktiv gelöst und in Chancen verwandelt werden. In meinem Buch werden bewährte Konfliktlösungstechniken, praktische Tipps und Fallbeispiele vorgestellt, die Ihnen dabei helfen sollen, schwierige Situationen souverän zu bewältigen und erfolgreiche Geschäftsbeziehungen aufzubauen.

Ich lade Sie herzlich ein, sich auf eine Reise der Selbstreflexion und Weiterentwicklung zu begeben, um Ihre Leadership Skills im Konfliktmanagement zu stärken und ein positives Arbeitsumfeld zu schaffen.

Mit diesem Buch möchte ich dazu beitragen, dass Konflikte kein Hindernis, sondern eine Gelegenheit zur persönlichen und beruflichen Entwicklung sind.

Bei der Strukturierung des Buches habe ich besonderen Wert auf eine logische Abfolge der Kapitel gelegt, um Ihnen eine übersichtliche und gezielte Orientierung zu ermöglichen.

Ich hoffe, dass mein Buch Ihnen dabei hilft, Ihre eigenen Konfliktlösungskompetenzen zu stärken und eine positive Arbeitsumgebung zu schaffen, in der Respekt, Verständnis und Zusammenarbeit im Mittelpunkt stehen.

Viel Spaß beim Lesen!

Ihr Stefan Stelzhammer

Einleitung

In der Geschäftswelt sind zwischenmenschliche Beziehungen und effektive Kommunikation von entscheidender Bedeutung für den Erfolg eines Unternehmens.

Doch immer wieder können sich diverse Herausforderungen auftun, die diese Beziehungen belasten und den reibungslosen Ablauf von Geschäftsprozessen erschweren. Der Umgang mit schwierigen Geschäftspartnern und innerbetrieblichen Konflikten stellt eine komplexe und oft unterschätzte Aufgabe dar, die jedoch maßgeblich die Stimmung und Produktivität im Unternehmen beeinflussen kann.

Schwierige Geschäftspartner zeichnen sich durch unterschiedliche Verhaltensweisen, Kommunikationsstörungen oder divergierende Interessen aus, während innerbetriebliche Konflikte auf ungelösten Differenzen zwischen Mitarbeitern oder Teams beruhen können.

Um diesen Herausforderungen souverän zu begegnen, bedarf es eines fundierten Verständnisses von Konfliktursachen, effektiven Kommunikationsstrategien und dem Willen zur konstruktiven Zusammenarbeit.

Dieses Buch widmet sich daher dem Thema des Umgangs mit schwierigen Geschäftspartnern und innerbetrieblichen Konflikten und bietet praxisnahe Lösungsansätze sowie bewährte Methoden, um Konflikte zu erkennen, zu analysieren und erfolgreich zu bewältigen.

Definition von schwierigen Geschäftspartnern

Schwierige Geschäftspartner können in verschiedenen Formen auftreten und stellen eine Herausforderung für die Zusammenarbeit dar. Diese Personen zeichnen sich oft durch eine mangelnde Kooperationsbereitschaft, schwieriges Verhalten, unterschiedliche Interessen oder fehlende Kommunikationsfähigkeiten aus.

Sie können die Effizienz von Projekten beeinträchtigen, das Arbeitsklima belasten und zu Frustration innerhalb des Teams führen. Schwierige Geschäftspartner können sowohl intern, also innerhalb des eigenen Unternehmens, als auch extern, etwa bei Kooperationspartnern, Lieferanten oder Kunden, auftreten. Der Umgang mit ihnen erfordert diplomatisches Geschick, eine professionelle Kommunikation und eine strategische Herangehensweise, um konstruktive Lösungen zu finden.

Innerbetriebliche Konflikte sind Konfliktsituationen, die zwischen den Mitarbeitern oder Abteilungen eines Unternehmens auftreten. Diese Konflikte können vielfältige Ursachen haben, wie unterschiedliche Arbeitshaltungen, unklare Rollenverteilungen, persönliche Differenzen oder Missverständnisse in der Kommunikation.

Sie können sich negativ auf die Produktivität, das Arbeitsklima und letztendlich auf den Erfolg eines Unternehmens auswirken.

Daher ist es entscheidend, innerbetriebliche Konflikte frühzeitig zu erkennen, konstruktiv anzugehen und effektive Lösungsstrategien zu implementieren. Ein professionelles Konfliktmanagement trägt dazu bei, die Beziehungen innerhalb des Teams zu stärken, die Kommunikation zu verbessern und ein konstruktives Arbeitsumfeld zu schaffen.

Ein professionelles Konfliktmanagement kann dazu beitragen, die Beziehungen innerhalb des Teams zu stärken, die Kommunikation zu verbessern und ein konstruktives Arbeitsumfeld zu schaffen. Indem man Konflikte als Chance zur Weiterentwicklung und Verbesserung betrachtet, können Konfliktsituationen in konstruktive Dialoge umgewandelt werden.

Durch den Einsatz von effektiven Kommunikationsstrategien, Mediationstechniken und Konfliktlösungsmethoden können Unternehmen in der Lage sein, innerbetriebliche Konflikte erfolgreich zu bewältigen und langfristig zu lösen.

Eine klare Definition und Unterscheidung zwischen schwierigen Geschäftspartnern und innerbetrieblichen Konflikten ist entscheidend für ein gezieltes Vorgehen bei der Bewältigung dieser Herausforderungen.

Während schwierige Geschäftspartner externe Interaktionen betreffen, fokussieren sich innerbetriebliche Konflikte auf das interne Gefüge eines Unternehmens.

Beide Aspekte erfordern jedoch ein hohes Maß an Sensibilität, Empathie und die Fähigkeit zur konstruktiven Auseinandersetzung, um nachhaltige Lösungen zu finden und das Potenzial zur Weiterentwicklung zu nutzen. Wenn schwierige Geschäftspartner und innerbetriebliche Konflikte effektiv gemanagt werden, können sie nicht nur überwunden, sondern auch als Chance für Wachstum und Zusammenarbeit genutzt werden.

Bedeutung einer erfolgreichen Konfliktlösung

Eine erfolgreiche Konfliktlösung im Geschäftsumfeld ist von entscheidender Bedeutung für die langfristige Stabilität und Effizienz eines Unternehmens. Konflikte können sich negativ auf die Arbeitsatmosphäre, die Motivation der Mitarbeiter und letztendlich auch auf den Unternehmenserfolg auswirken.

Durch eine effektive und zeitnahe Konfliktlösung können potenzielle Eskalationen vermieden und Ressourcen sowie Zeit eingespart werden, die anderweitig in die strategische Ausrichtung des Unternehmens investiert werden könnten.

Darüber hinaus kann eine erfolgreiche Konfliktlösung im Geschäftsumfeld zu einer Stärkung der zwischenmenschlichen Beziehungen, einer Steigerung der Teamarbeit und einer Verbesserung der Kommunikation führen.

Indem Konflikte offen angesprochen und konstruktiv gelöst werden, können Missverständnisse bereinigt, Vertrauen aufgebaut und die Arbeitsmoral gesteigert werden. Mitarbeiter fühlen sich gehört, respektiert und wertgeschätzt, was sich positiv auf ihre Leistungsfähigkeit und ihre Bindung zum Unternehmen auswirken kann.

Ein weiterer wichtiger Aspekt der erfolgreichen Konfliktlösung im Geschäftsumfeld besteht darin, Möglichkeiten zur Innovation und Veränderung zu schaffen. Konflikte können auch als Chance gesehen werden, neue Ideen zu generieren, bestehende Prozesse zu verbessern und Innovationen voranzutreiben.

Indem Unternehmen Konflikte proaktiv angehen und konstruktive Lösungen implementieren, können sie sich als flexibelere, widerstandsfähigere und anpassungsfähigere Organisationen positionieren, die auf Veränderungen effektiv reagieren können.

Ursachen für innerbetriebliche Konflikte

Die Ursachen für innerbetriebliche Konflikte sind vielfältig und reichen von persönlichen Differenzen bis hin zu strukturellen Problemen in der Organisation. Ein tieferes Verständnis der zugrundeliegenden Ursachen ist entscheidend, um präventive Maßnahmen zu ergreifen und effektive Konfliktlösungsstrategien zu entwickeln.

Kommunikationsprobleme

Kommunikationsprobleme zählen zu den häufigsten Ursachen für innerbetriebliche Konflikte in Unternehmen. Oftmals führen Missverständnisse, unklare Anweisungen oder fehlende Informationen zu Konfliktsituationen zwischen Mitarbeitern und Teams.

Eine ineffektive Kommunikation kann dazu führen, dass Erwartungen nicht erfüllt werden, Arbeitsabläufe gestört sind und Vertrauen untergraben wird. Unterschiedliche Kommunikationsstile, die Präferenz für bestimmte Kanäle oder die Nichtbeachtung von sozialen Signalen können dazu führen, dass Botschaften falsch interpretiert oder bewusst missverstanden werden.

Es ist daher wichtig, Kommunikationsprobleme frühzeitig zu erkennen und durch klare und offene Gespräche sowie Empathie und Verständnis für die Perspektive des Gegenübers zu lösen.

Darüber hinaus können Hierarchien, unklare Rollenverteilungen, unzureichende Feedback-Kultur oder fehlende Kommunikationstrainings zu Kommunikationsproblemen beitragen.

Wenn Mitarbeiter unsicher über ihre Verantwortlichkeiten sind, keine klaren Rückmeldungen erhalten oder sich nicht gehört fühlen, kann dies zu Frustration und Unzufriedenheit führen.

Eine transparente Kommunikation, regelmäßiges Feedback und klare Kommunikationswege sind daher entscheidend, um Konfliktpotenzial zu reduzieren und ein positives Arbeitsklima zu fördern. Schulungen im Bereich der zwischenmenschlichen Kommunikation und Konfliktlösung können Mitarbeitern helfen, ihre Kommunikationsfähigkeiten zu verbessern und konstruktiven Austausch zu ermöglichen.

Insgesamt ist die Bewältigung von Kommunikationsproblemen in Unternehmen ein wichtiger Schritt, um innerbetriebliche Konflikte zu vermeiden und die Zusammenarbeit zu stärken.

Eine offene, respektvolle und effektive Kommunikation ist das Fundament für eine gesunde Unternehmenskultur und eine produktive Arbeitsumgebung.

Indem Unternehmen in die Förderung einer positiven Kommunikationskultur investieren, Konflikte proaktiv angehen und Schulungen zur Verbesserung der Kommunikationsfähigkeiten anbieten, können sie das Konfliktpotenzial reduzieren und langfristig zu einer harmonischen und erfolgreichen Arbeitsatmosphäre beitragen.

Unterschiedliche Interessen und Ziele

Unterschiedliche Interessen und Ziele innerhalb eines Unternehmens können eine bedeutende Ursache für innerbetriebliche Konflikte darstellen.

Wenn Mitarbeiter oder Teams unterschiedliche Prioritäten oder Perspektiven haben, kann dies zu Meinungsverschiedenheiten, Spannungen und Konfliktsituationen führen. Oftmals resultieren solche Konflikte aus einer Nichtübereinstimmung hinsichtlich der Unternehmensziele, der individuellen Arbeitsziele oder der Bewertung von Aufgaben und Ergebnissen.

Wenn beispielsweise Abteilungen unterschiedliche strategische Ausrichtungen verfolgen oder Mitarbeiter unterschiedliche Vorstellungen von Zielerreichung haben, kann dies zu Konflikten führen, die die Effizienz und Produktivität des Unternehmens beeinträchtigen.

Des Weiteren können Unterschiede in Wertvorstellungen, Arbeitsweisen oder Erwartungshaltungen zu Konflikten beitragen. Wenn Mitarbeitende unterschiedliche Werte oder Überzeugungen haben, die sich in der Art und Weise, wie sie arbeiten und kommunizieren, widerspiegeln, kann dies zu Konfliktsituationen führen.

Individuelle Arbeitsstile, Präferenzen oder Erwartungen können zu Missverständnissen, Unstimmigkeiten oder Konflikten über die Arbeitsweise oder die Priorisierung von Aufgaben führen.

Es ist wichtig, die Vielfalt an Perspektiven und Arbeitsweisen innerhalb des Unternehmens anzuerkennen und eine Kultur der Akzeptanz, Zusammenarbeit und Flexibilität zu fördern, um Konfliktpotenzial zu reduzieren und ein harmonisches Miteinander zu ermöglichen.

Eine unklare Kommunikation über Unternehmensziele, Erwartungen oder Prozesse kann ebenfalls zu unterschiedlichen Interessen und Zielen innerhalb des Teams führen und so die Konfliktpotenziale verstärken.

Wenn Mitarbeitende nicht klar darüber informiert sind, welche Ziele verfolgt werden sollen, welche Aufgaben Priorität haben oder wie Entscheidungen getroffen werden sollen, können individuelle Interpretationen, Annahmen oder Unsicherheiten zu Konflikten führen.

Eine klare Kommunikation von Unternehmenszielen, klare Rollen- und Verantwortlichkeitsdefinitionen sowie regelmäßige Abstimmungen können dazu beitragen, ein gemeinsames Verständnis und eine gemeinsame Ausrichtung innerhalb des Teams sicherzustellen und so Unterschiede in Zielen und Interessen zu reduzieren.

Mangelnde emotionale Intelligenz

Mangelnde emotionale Intelligenz kann eine bedeutsame Ursache für innerbetriebliche Konflikte in Unternehmen darstellen.

Mitarbeiter, die über eine niedrige emotionale Intelligenz verfügen, sind möglicherweise weniger in der Lage, ihre eigenen Gefühle zu erkennen, angemessen auszudrücken oder mit den Emotionen anderer effektiv umzugehen.

Dies kann zu Konfliktsituationen führen, wenn Mitarbeitende nicht in der Lage sind, ihre Emotionen zu regulieren oder Konflikte auf eine konstruktive Art und Weise anzusprechen.

Fehlende Empathie, mangelnde Selbstreflexion oder unzureichende soziale Kompetenz können dazu führen, dass Konflikte eskalieren, Unstimmigkeiten ungelöst bleiben und die Zusammenarbeit belastet wird.

Ein Mangel an emotionaler Intelligenz kann sich auch in unangemessenem Verhalten, fehlender sozialer Sensibilität oder mangelnder Konfliktfähigkeit äußern.

Mitarbeiter, die Schwierigkeiten haben, ihre Emotionen zu kontrollieren, verbale oder non-verbale Kommunikation zu deuten oder Konflikte konstruktiv anzugehen, können dazu neigen, in Konfliktsituationen defensiv, aggressiv oder passiv-aggressiv zu reagieren. Dies kann zu Missverständnissen, Verletzungen oder weiteren Konflikten führen und das Arbeitsklima verschlechtern.

Es ist daher wichtig, emotionale Intelligenz als wichtige Fähigkeit am Arbeitsplatz anzuerkennen und gegebenenfalls Schulungen oder coachende Maßnahmen anzubieten, um die emotionale Kompetenz der Mitarbeiter zu stärken und Konfliktpotenziale zu reduzieren.

Darüber hinaus kann ein Mangel an emotionaler Intelligenz zu unklarer Kommunikation, unangemessener Konflikteskalation oder einer unsensiblen Umgangsweise mit anderen führen.

Wenn Mitarbeiter Schwierigkeiten haben, konstruktiv mit Konfliktsituationen umzugehen, Gefühle angemessen zu artikulieren oder Perspektiven anderer zu verstehen, kann dies zu Konflikten beitragen. Eine bewusste Förderung emotionaler Intelligenz, Selbstreflexion und Empathie kann dazu beitragen, das Konfliktpotenzial in Unternehmen zu reduzieren, die zwischenmenschlichen Beziehungen zu stärken und die Zusammenarbeit zu verbessern.

Führungsmängel

Eine unzureichende Führung kann zu Unsicherheiten, Missverständnissen und Unzufriedenheit bei den Mitarbeitern führen, was wiederum Konfliktsituationen begünstigt.

Fehlende klare Kommunikation von Unternehmenszielen, unklare Rollen- und Verantwortlichkeitsverteilungen oder ein Mangel an klaren Entscheidungsstrukturen können zu Verwirrung und Konfliktpotenzial innerhalb des Teams führen. Wenn Führungskräfte nicht in der Lage sind, Richtung vorzugeben, Konfliktparteien zu moderieren oder Lösungswege aufzuzeigen, können Konflikte eskalieren und das Arbeitsklima belasten.

Des Weiteren können Führungsmängel in Form fehlender Konfliktlösungskompetenz oder mangelnder Empathie Konflikte verstärken und eine konstruktive Konfliktbewältigung behindern.

Wenn Führungskräfte nicht in der Lage sind, Konfliktsituationen zu erkennen, angemessen zu adressieren oder Konfliktlösungsstrategien zu implementieren, kann dies misstrauisches Verhalten, ungelöste Unstimmigkeiten oder eine Kultur der Angst und Unsicherheit fördern.

Ein defizitäres Führungsverhalten kann somit zu einem Nährboden für innerbetriebliche Konflikte werden und die Leistungsfähigkeit und Motivation der Mitarbeiter beeinträchtigen.

Zusätzlich können übertriebene Autorität, ungeklärte Erwartungen oder mangelndes Feedback von Führungskräften zu Konfliktsituationen beitragen.

Wenn Führungskräfte autoritär agieren, ihren Mitarbeiter:innen keine Entscheidungskompetenzen überlassen oder kein offenes Feedback geben, kann dies zu Unzufriedenheit, Widerstand und Konflikten führen.

Es ist wichtig, dass Führungskräfte eine Vertrauensbasis schaffen, eine offene Kommunikation pflegen und Konflikte proaktiv angehen, um eine gesunde Teamdynamik und eine positive Unternehmenskultur zu fördern.

Investitionen in eine qualifizierte Führungskräfteentwicklung können dazu beitragen, Führungsmängel zu beheben und eine effektive Konfliktprävention und -lösung zu ermöglichen.

Strategien zur Konfliktprävention

Im Geschäftsalltag sind Konflikte unvermeidlich und können in Unternehmen jeder Größe und Branche auftreten.

Dennoch ist es von entscheidender Bedeutung, frühzeitig Konflikte zu erkennen, zu adressieren und idealerweise präventive Maßnahmen zu ergreifen, um eine konstruktive Arbeitsumgebung zu gewährleisten. Strategien zur Konfliktprävention spielen daher eine zentrale Rolle in der erfolgreichen Unternehmensführung und im Mitarbeitermanagement.

Durch die Implementierung gezielter Präventionsmaßnahmen können potenzielle Konflikte vermieden, das Arbeitsklima verbessert und die Produktivität gesteigert werden.

Die Entwicklung und Implementierung von Strategien zur Konfliktprävention erfordert ein Verständnis der Ursachen für Konflikte sowie ein proaktives Vorgehen, um Konfliktpotenziale zu identifizieren und zu minimieren.

Eine offene und transparente Kommunikationskultur, klare Rollen- und Verantwortlichkeitsverteilungen sowie die Förderung von Teamwork und Zusammenarbeit sind entscheidende Elemente für eine erfolgreiche Konfliktprävention.

Zudem ist es wichtig, auf möglichst frühzeitige Warnsignale für Konflikte zu achten, um rechtzeitig intervenieren und Präventionsmaßnahmen ergreifen zu können. Durch gezielte Schulungen, Workshops oder Coachings können Mitarbeiter und Führungskräfte dazu befähigt werden, Konfliktpotenziale zu erkennen, konstruktiv zu kommunizieren und präventive Maßnahmen zu implementieren.

Im folgenden Kapitel werden wir uns mit Strategien zur Konfliktprävention befassen, die darauf abzielen, Konflikte frühzeitig zu identifizieren und zu vermeiden, um eine positive und konstruktive Arbeitsumgebung zu schaffen.

Wir werden bewährte Methoden und Tipps zur Förderung einer offenen Kommunikation, zur Stärkung von Teamarbeit und zur Entwicklung von Konfliktlösungskompetenzen diskutieren, um Konfliktsituationen vorzubeugen und eine effektive Konfliktbewältigung zu ermöglichen.

positive und konstruktive

Arbeitsumgebung zu schaffen

Eine positive und konstruktive Arbeitsumgebung ist entscheidend für das Wohlbefinden der Mitarbeiter und den Erfolg eines Unternehmens.

Ein wichtiger Aspekt dabei ist die Förderung von offener Kommunikation und einem respektvollen Umgang miteinander. Indem Mitarbeiter ermutigt werden, ihre Meinungen zu äußern, Ideen einzubringen und sich gehört zu fühlen, entsteht ein Klima, in dem konstruktive Zusammenarbeit und Innovationsgeist gefördert werden.

Führungskräfte können durch transparente Kommunikation, regelmäßige Teammeetings und ein offenes Ohr für Anliegen und Feedback dazu beitragen, dass sich alle Mitarbeiter wertgeschätzt und gehört fühlen.

Ein weiterer wichtiger Faktor für eine positive Arbeitsumgebung ist die aktive Förderung von Teamarbeit und Zusammenhalt. Teamwork schafft ein Gefühl der Zugehörigkeit, stärkt das Vertrauen unter den Mitarbeitern und fördert die gemeinsame Zielerreichung.

Durch die Organisation von Teamworkshops, Teambuilding-Aktivitäten und gemeinsamen Projekten können Führungskräfte den Teamgeist stärken und eine Atmosphäre der Unterstützung und Zusammenarbeit schaffen. Mitarbeiter, die sich als Teil eines Teams fühlen und sich gegenseitig unterstützen, sind motivierter, engagierter und produktiver.

Ein Beispiel für die Schaffung einer positiven Arbeitsumgebung könnte die Einführung eines offenen Feedback-Kultur sein, in der Mitarbeiter ermutigt werden, konstruktives Feedback zu geben und anzunehmen.

Indem regelmäßige Feedbackgespräche geführt werden, können Verbesserungspotenziale identifiziert, Missverständnisse geklärt und die Leistung jedes Einzelnen gesteigert werden. Eine solche Feedbackkultur fördert eine offene und transparente Kommunikation, stärkt die Beziehungen im Team und unterstützt die persönliche Weiterentwicklung der Mitarbeiter.

Ein weiteres Beispiel könnte die Implementierung flexibler Arbeitsmodelle und eine ausgewogene Work-Life-Balance sein. Durch die Möglichkeit von Home-Office, Teilzeitmodelle oder flexible Arbeitszeiten können Mitarbeiter eine bessere Balance zwischen Beruf und Privatleben finden.

Eine ausgewogene Work-Life-Balance führt zu zufriedeneren und motivierteren Mitarbeitern, die gesünder, produktiver und langfristig loyal gegenüber dem Unternehmen sind. Indem Führungskräfte die Bedürfnisse ihrer Mitarbeiter respektieren und unterstützen, tragen sie maßgeblich zu einer positiven und konstruktiven Arbeitsumgebung bei.

Methoden und Tipps zur Förderung einer offenen Kommunikation

Eine offene Kommunikation ist ein wesentlicher Bestandteil einer positiven und produktiven Arbeitsumgebung. Um eine solche Kommunikationskultur zu fördern, ist es wichtig, klare und effektive Kommunikationswege zu etablieren.

Regelmäßige Teammeetings, offene Sprechstunden mit Führungskräften und die Nutzung digitaler Kommunikationstools können dazu beitragen, dass Mitarbeiter sich gehört fühlen und sich aktiv einbringen können.

Es ist wichtig, ein Umfeld zu schaffen, in dem jeder Mitarbeiter die Möglichkeit hat, seine Meinung zu äußern, Fragen zu stellen und konstruktives Feedback zu geben.

Ein weiterer wichtiger Ansatz zur Förderung offener Kommunikation ist die Schulung von Führungskräften und Mitarbeitern in Kommunikationstechniken. Durch Trainings zu aktivem Zuhören, Konfliktlösungskompetenzen und dem Umgang mit schwierigen Gesprächssituationen können alle Beteiligten ihre Kommunikationsfähigkeiten verbessern und Missverständnisse reduzieren. Offene und ehrliche Gespräche, in denen sowohl Wertschätzung als auch Kritik geäußert werden können, tragen dazu bei, Vertrauen aufzubauen und einen konstruktiven Dialog zu fördern.

Beispiel 1:
Ein praktisches Beispiel für die Förderung offener Kommunikation ist die Einführung eines regelmäßigen Feedbackprozesses im Unternehmen. Indem Mitarbeiter und Führungskräfte regelmäßig Feedback austauschen, können Herausforderungen frühzeitig erkannt, Erfolge gewürdigt und Entwicklungsmöglichkeiten aufgezeigt werden. Ein strukturierter Feedbackmechanismus, sei es in Form von Mitarbeitergesprächen, 360-Grad-Feedback oder anonymen Umfragen, stärkt die Kommunikation im Team, verbessert das Verständnis füreinander und fördert eine Kultur des kontinuierlichen Lernens und Wachstums.

Beispiel 2:
Ein weiteres Beispiel wäre die Schaffung von virtuellen Feedback-Plattformen, in denen Mitarbeiter ihre Gedanken, Ideen und Anliegen jederzeit kommunizieren können. Durch die Nutzung digitaler Tools wie Unternehmens-Chats, E-Mail-Verteiler oder interne Blogs können Mitarbeiter eine kontinuierliche Kommunikation aufrechterhalten und sich unabhängig von Zeit und Ort aktiv einbringen. Diese digitalen Plattformen bieten eine zusätzliche Möglichkeit, den Informationsaustausch zu fördern, Teammitglieder zu vernetzen und eine tragfähige Kommunikationsstruktur im Unternehmen zu etablieren.

Stärkung von Teamarbeit

Die Stärkung von Teamarbeit ist entscheidend für den Erfolg eines Teams und einer Organisation. Ein wichtiger Ansatz zur Förderung von Teamarbeit ist die Etablierung einer gemeinsamen Vision und klarer Ziele. Indem die Ziele des Teams klar definiert werden und alle Teammitglieder diese verstehen und unterstützen, wird eine gemeinsame Ausrichtung geschaffen.

Teammitglieder können so ihr individuelles Engagement mit den übergeordneten Zielen des Teams in Einklang bringen und zusammen an deren Erreichung arbeiten. Eine klar formulierte Vision schafft Identifikation und Motivation im Team.

Ein weiterer wichtiger Faktor für eine starke Teamarbeit ist die Förderung von Vertrauen unter den Teammitgliedern. Vertrauen bildet die Basis für eine gute Zusammenarbeit und ermöglicht es den Teammitgliedern, sich aufeinander verlassen zu können, Konflikte konstruktiv zu lösen und gemeinsame Ziele zu verfolgen.

Kommunikation, Offenheit, Zuverlässigkeit und Respekt sind Schlüsselfaktoren, um gegenseitiges Vertrauen aufzubauen und eine vertrauensvolle Arbeitsbeziehung im Team zu etablieren.

Beispiel 1:
Ein praktisches Beispiel zur Stärkung von Teamarbeit könnte die Durchführung von Team-Building-Aktivitäten sein. Team-Building-Events, wie Outdoor-Teambuilding, gemeinsame Projekte oder Retreats, bieten die Möglichkeit, das Teamgefühl zu stärken, das Vertrauen unter den Teammitgliedern zu festigen und die Zusammenarbeit zu verbessern. Solche Aktivitäten fördern den Zusammenhalt im Team, helfen dabei, individuelle Stärken und Schwächen zu erkennen und können dazu beitragen, dass sich die Teammitglieder besser kennenlernen und sich als Teil eines gemeinsamen und starken Teams fühlen.

Beispiel 2:
Ein weiteres Beispiel wäre die Implementierung regelmäßiger Teammeetings und Feedback-Runden. Durch regelmäßige Zusammenkünfte haben Teammitglieder die Gelegenheit, sich auszutauschen, aktuelle Themen zu besprechen, Herausforderungen anzusprechen und gemeinsame Lösungen zu erarbeiten. Feedback-Sitzungen bieten die Möglichkeit, Lob auszusprechen, konstruktives Feedback zu geben und gemeinsam Verbesserungspotenziale zu identifizieren. Eine offene und transparente Kommunikation innerhalb des Teams schafft ein Gefühl der Zugehörigkeit, stärkt das Vertrauen unter den Teammitgliedern und fördert eine effektive Zusammenarbeit.

effektive Konfliktbewältigung

Die Entwicklung von Konfliktlösungskompetenzen ist von entscheidender Bedeutung, um Konflikte konstruktiv anzugehen und erfolgreich zu bewältigen.

Eine wichtige Methode zur Förderung von Konfliktlösungskompetenzen ist die Schulung in Kommunikations- und Konfliktlösungstechniken. Durch Trainings, Workshops und Coaching können Mitarbeiter und Führungskräfte ihre Fähigkeiten im aktiven Zuhören, in der Konfliktanalyse und -bewältigung sowie im Verhandeln verbessern. Der Erwerb dieser Kompetenzen ermöglicht es den Mitarbeitern, Konflikte frühzeitig zu erkennen, konstruktiv anzugehen und Lösungen zu finden, die für alle Beteiligten zufriedenstellend sind.

Ein weiterer Ansatz zur Entwicklung von Konfliktlösungskompetenzen ist die Förderung von Empathie und Verständnis im Team. Indem Mitarbeiter dazu ermutigt werden, sich in die Lage des anderen zu versetzen und seine Perspektive zu verstehen, entsteht ein respektvoller Umgang miteinander und die Basis für eine empathische Konfliktbewältigung. Empathie ermöglicht es den Mitarbeitern, die Emotionen und Bedürfnisse des Gegenübers zu erkennen, Konfliktsituationen sensibel zu behandeln und nach gemeinsamen Lösungen zu suchen. Durch die Entwicklung von Empathie stärken Mitarbeiter und Führungskräfte ihre sozialen Kompetenzen und tragen zu einer positiven und konstruktiven Arbeitsumgebung bei.

Beispiel 1:
Ein praktisches Beispiel für die Entwicklung von Konfliktlösungskompetenzen könnte die Einführung eines Mentoring-Programms sein, in dem erfahrene Mitarbeiter als Mentoren fungieren und ihre Kenntnisse und Fähigkeiten im Konfliktmanagement an jüngere Kollegen weitergeben. Mentoren können ihre Mentees bei der Konfliktbewältigung unterstützen, ihnen Feedback geben und ihnen helfen, alternative Lösungswege zu finden. Durch den Austausch von Erfahrungen und Best Practices wird das Bewusstsein für effektive Konfliktlösungsstrategien geschärft und die Kompetenzen im Umgang mit Konflikten weiterentwickelt.

Beispiel 2:
Ein weiteres Beispiel wäre die Implementierung von Peer-Mediation im Unternehmen. Durch die Schulung ausgewählter Mitarbeiter als Mediatoren können Konflikte auf informelle und unvoreingenommene Weise gelöst werden. Peer-Mediatoren bieten den Konfliktparteien einen neutralen und vertraulichen Raum, um ihre Standpunkte zu klären und gemeinsam nach Lösungswegen zu suchen. Durch die Beteiligung von Mitarbeitern an der Konfliktlösung werden nicht nur die Konfliktparteien gestärkt, sondern auch die allgemeine Konfliktlösungskompetenz im Team gefördert.

Förderung einer offenen Kommunikationskultur

Die Förderung einer offenen Kommunikationskultur ist eine der wirksamsten Strategien zur Konfliktprävention in Unternehmen. Eine transparente und ehrliche Kommunikation schafft Vertrauen, stärkt die zwischenmenschlichen Beziehungen und trägt dazu bei, Missverständnisse frühzeitig zu klären. Indem Mitarbeiter und Führungskräfte sich aktiv austauschen, Meinungen und Ideen teilen und sich gegenseitig konstruktives Feedback geben, können Konflikte vermieden oder in einem frühen Stadium gelöst werden. Eine offene Kommunikationskultur ermöglicht es den Teammitgliedern, Bedenken oder Probleme anzusprechen, bevor sie zu größeren Konflikten eskalieren, und fördert eine positive Atmosphäre der Zusammenarbeit und des Verständnisses.

Um eine offene Kommunikationskultur zu etablieren, ist es wichtig, klare Kommunikationswege und -regeln festzulegen, in denen Informationen transparent und leicht zugänglich sind. Regelmäßige Teammeetings, offene Feedback-Sitzungen oder Kommunikationstools können dazu beitragen, den Informationsfluss innerhalb des Unternehmens zu verbessern und die Kommunikation zwischen den Mitarbeitern zu fördern. Darüber hinaus ist es wichtig, die Bedeutung von Zuhören, Respekt und Empathie innerhalb des Teams hervorzuheben, um eine respektvolle und konstruktive Gesprächskultur zu schaffen, in der unterschiedliche Meinungen und Ansichten akzeptiert und gewürdigt werden.

Eine weitere wichtige Maßnahme zur Förderung einer offenen Kommunikationskultur ist die Einbeziehung aller Mitarbeiter in den Kommunikationsprozess. Durch regelmäßige Feedback-Schleifen, Mitarbeiterumfragen oder Feedbackgespräche können Mitarbeiter ihre Meinungen äußern, Bedenken äußern und Verbesserungsvorschläge machen. Anhand dieser Rückmeldungen können Unternehmen potenzielle Konflikte frühzeitig erkennen, Verbesserungspotenziale identifizieren und geeignete Maßnahmen zur Konfliktprävention ergreifen. Eine offene Kommunikationskultur fördert nicht nur eine gesunde Arbeitsumgebung, sondern stärkt auch die Bindung der Mitarbeiter zum Unternehmen und trägt langfristig zur Steigerung der Mitarbeiterzufriedenheit und -motivation bei.

Festlegung klarer Rollen und Verantwortlichkeiten

Die Festlegung klarer Rollen und Verantwortlichkeiten ist eine wesentliche Strategie zur Konfliktprävention in Unternehmen. Indem die Rollen und Verantwortlichkeiten innerhalb des Teams deutlich definiert sind, wissen die Mitarbeiter genau, was von ihnen erwartet wird und wer für welche Aufgaben zuständig ist. Dies hilft, Missverständnisse zu vermeiden, Doppelarbeit zu reduzieren und Konfliktpotenziale im Zusammenhang mit unklaren Zuständigkeiten zu minimieren. Wenn die Mitarbeiter klare Rollen haben und jeder seine Aufgaben kennt, können Arbeitsabläufe reibungsloser verlaufen und die Zusammenarbeit effektiver gestaltet werden.

Eine klare Rollen- und Verantwortlichkeitsverteilung unterstützt zudem die Teamdynamik, da Konflikte über unklare Zuständigkeiten oder mangelnde Klarheit in Bezug auf Aufgabenverteilung vermieden werden können. Wenn jeder Mitarbeiter weiß, was von ihm erwartet wird und welchen Beitrag er zum Teamerfolg leisten soll, kann die Zusammenarbeit effizienter gestaltet werden. Durch regelmäßige Überprüfung und Anpassung der Rollen und Verantwortlichkeiten an die sich verändernden Anforderungen des Unternehmens können Teams flexibel auf neue Herausforderungen reagieren und Konfliktpotenziale proaktiv minimieren.

Zur Festlegung klarer Rollen und Verantwortlichkeiten ist es hilfreich, Aufgaben und Zuständigkeiten schriftlich festzuhalten und transparent für alle Mitarbeiter zugänglich zu machen. Teammeetings, Teamworkshops oder individuelle Gespräche bieten Gelegenheiten, um Rollen zu klären, Erwartungen abzugleichen und offene Fragen zu klären. Indem die Führungskräfte eine klare Kommunikation und regelmäßigen Austausch über Rollen und Verantwortlichkeiten fördern, können sie zu einer harmonischen Teamarbeit beitragen, die Konflikte vorbeugt und die Effizienz im Unternehmen steigert.

Teammanagement und Konfliktfrüherkennung

Teammanagement und Konfliktfrüherkennung sind entscheidende Strategien zur Konfliktprävention in Unternehmen. Ein effektives Teammanagement beinhaltet die Förderung einer positiven Teamkultur, die Stärkung der Teamdynamik und die Schaffung eines Umfelds, in dem die Teammitglieder konstruktiv zusammenarbeiten können.

Durch klare Kommunikation, regelmäßiges Feedback, teamorientierte Ziele und Teambuilding-Maßnahmen können Führungskräfte dazu beitragen, ein unterstützendes und motivierendes Arbeitsumfeld zu schaffen, das Konflikten entgegenwirkt. Ein gutes Teammanagement stärkt das Vertrauen der Mitarbeiter untereinander, fördert die Zusammenarbeit und verbessert die Konfliktlösungsfähigkeiten des Teams.

Die frühzeitige Erkennung von Konfliktpotenzialen innerhalb des Teams ist ein wichtiger Aspekt der Konfliktprävention. Indem Führungskräfte, aber auch Teammitglieder selbst, Anzeichen für Konflikte erkennen und proaktiv intervenieren, können Konflikte in einem frühen Stadium angegangen und gelöst werden.

Die Einrichtung von regelmäßigen Meilensteinbesprechungen, Konfliktbewertungssitzungen oder Konfliktfrühwarnsystemen kann dazu beitragen, Konflikte frühzeitig zu identifizieren und angemessen zu reagieren. Individuelle Gespräche, Teambesprechungen oder Teambuilding-Aktivitäten bieten Gelegenheiten, Konfliktpotenziale zu erkennen, Verbesserungsmöglichkeiten zu identifizieren und konstruktive Lösungsansätze zu erarbeiten.

Darüber hinaus ist es wichtig, Teammitglieder in Konfliktfrüherkennung und -bewältigung zu schulen, um ihre Sensibilität für Konfliktsituationen zu schärfen und ihre Fähigkeiten zur Konfliktlösung zu stärken.

Schulungen im Bereich der Konfliktkommunikation, Konfliktlösungstechniken oder Konfliktmanagement können dazu beitragen, dass die Mitarbeiter Konfliktsignale frühzeitig erkennen, angemessen darauf reagieren und Konflikten konstruktiv begegnen. Indem Führungskräfte und Mitarbeiter gleichermaßen für die Bedeutung der Konfliktprävention sensibilisiert werden und konkrete Strategien zur Konfliktfrüherkennung implementieren, können Unternehmen ein Umfeld schaffen, in dem Konflikte auf konstruktive Weise angegangen und gelöst werden.

Aufbau von Vertrauen und Respekt

Der Aufbau von Vertrauen und Respekt ist eine fundamentale Strategie im Umgang mit schwierigen Geschäftspartnern. In jeder Geschäftsbeziehung spielt Vertrauen eine zentrale Rolle, um eine gesunde und langfristige Zusammenarbeit zu gewährleisten. Indem man Vertrauen aufbaut, zeigt man seinen Geschäftspartnern, dass man zuverlässig ist und seine Verpflichtungen ernst nimmt. Durch Offenheit, Ehrlichkeit und Zuverlässigkeit kann das Vertrauen gestärkt werden, selbst in schwierigen Situationen. Respektvoller Umgang miteinander, das Achten auf die Meinungen und Bedürfnisse des anderen sowie die Wahrung von professioneller Höflichkeit sind Schlüsselelemente, um das gegenseitige Vertrauen zu fördern.

Eine respektvolle Kommunikation ist essenziell, um Vertrauen und Respekt im Umgang mit schwierigen Geschäftspartnern zu fördern. Durch die Anerkennung der Meinungen, Perspektiven und Ideen des anderen signalisiert man Wertschätzung und Respekt. Konstruktives Feedback, das auf gegenseitigem Respekt basiert, ermöglicht es, auch schwierige Themen offen anzusprechen und gemeinsam nach Lösungen zu suchen. Zudem ist es wichtig, aufmerksam zuzuhören, Verständnis für die Position des anderen zu zeigen und Empathie zu demonstrieren, um eine vertrauensvolle und respektvolle Beziehung aufzubauen.

Der Umgang mit schwierigen Geschäftspartnern erfordert geduldiges und strategisches Vorgehen, um Vertrauen und Respekt zu etablieren. Offenheit für Dialog, Flexibilität in der Herangehensweise und die Bereitschaft zur Kompromissfindung können dazu beitragen, Konfliktpotenziale zu reduzieren und die Zusammenarbeit zu verbessern. Durch den Aufbau von Vertrauen und Respekt legt man das Fundament für eine langfristige und erfolgreiche Geschäftsbeziehung, in der Konflikte konstruktiv gelöst und gemeinsame Ziele erreicht werden können.

Empathie und Verständnis für andere Perspektiven

Empathie und Verständnis für die Perspektiven schwieriger Geschäftspartner sind essenzielle Fähigkeiten, um Konflikte zu entschärfen und eine erfolgreiche Zusammenarbeit zu ermöglichen.

Indem man sich in die Lage des anderen versetzt und versucht, seine Sichtweise zu verstehen, zeigt man Respekt für die Individualität und die Bedürfnisse des Partners. Durch Empathie kann man Missverständnisse reduzieren, Konflikte präventiv angehen und die Kommunikation auf eine respektvolle und harmonische Basis stellen. Das Bemühen, die Motive, Vorstellungen und Wünsche des Gegenübers zu berücksichtigen, schafft eine Grundlage für vertrauensvolle Beziehungen und Konfliktlösungen auf Augenhöhe.

Das Zeigen von Empathie in schwierigen Situationen fördert das Verständnis für die Emotionen und Herausforderungen des Geschäftspartners. Durch einfühlsames Zuhören, die Anerkennung von Gefühlen und die Berücksichtigung der individuellen Bedürfnisse des Partners kann man Vertrauen aufbauen und die Beziehungsebene stärken. Empathie ermöglicht es, Konflikte nicht als Machtkampf, sondern als Möglichkeit für gemeinsame Lösungsfindung zu betrachten. Indem man sich umfangreich in die Position des anderen hineinversetzt, kann man die Ursachen für Konflikte besser verstehen und geeignete Strategien entwickeln, um gemeinsam zu einer win-win-Lösung zu gelangen.

Ein empathischer Umgang mit schwierigen Geschäftspartnern eröffnet neue Möglichkeiten für eine konstruktive Kommunikation und Zusammenarbeit. Durch das Wahrnehmen der emotionalen Dimensionen und die Berücksichtigung der individuellen Denkweisen kann man Konflikte entkräften und ein positives Arbeitsumfeld schaffen.

Empathie ist ein Schlüsselfaktor für erfolgreiche Unternehmensbeziehungen und kann dazu beitragen, Konflikte zu reduzieren, die Zusammenarbeit zu verbessern und langfristige Partnerschaften zu stärken. In schwierigen Situationen ist Empathie somit ein unverzichtbares Element, um eine respektvolle, verständnisvolle und lösungsorientierte Beziehung zu schwierigen Geschäftspartnern zu pflegen.

Konstruktive Kommunikationstechniken

Konstruktive Kommunikationstechniken sind entscheidend für den erfolgreichen Umgang mit schwierigen Geschäftspartnern, da sie eine effektive und respektvolle Interaktion ermöglichen. Durch den Einsatz von konstruktiven Kommunikationstechniken kann man Konflikte entschärfen, Missverständnisse klären und die Zusammenarbeit verbessern.

Dazu gehören beispielsweise das aktive Zuhören, das Stellen offener Fragen, die Verwendung von ich-Botschaften und die klare und präzise Formulierung von Anliegen. Indem man aufmerksam zuhört, die Aussagen des Partners ernst nimmt und sich klar ausdrückt, schafft man eine Kommunikationsbasis, die den Austausch erleichtert und Konflikte konstruktiv angeht.

Eine weitere wichtige Kommunikationstechnik im Umgang mit schwierigen Geschäftspartnern ist die Fähigkeit zur Kompromissbereitschaft und zur Suche nach Win-Win-Lösungen. Konstruktive Verhandlungstechniken, das Durchführen von gemeinsamen Brainstorming-Sitzungen oder die Erarbeitung von gemeinsamen Zielen können dazu beitragen, Interessenkonflikte zu lösen und gemeinsame Lösungswege zu entwickeln. Durch die Einbeziehung des Partners in den Lösungsprozess und die gemeinsame Suche nach Kompromissen zeigt man Respekt für die Position des anderen und stärkt das Vertrauen in die Zusammenarbeit.

Eine offene und transparente Kommunikation ist ein weiterer wichtiger Baustein für den konstruktiven Umgang mit schwierigen Geschäftspartnern. Durch die klar formulierte Kommunikation von Anliegen, Erwartungen und Bedenken schafft man Klarheit und Verständnis für beide Seiten. Offenheit für Feedback, die Bereitschaft zur Selbstreflexion und der regelmäßige Austausch über Herausforderungen und Fortschritte ermöglichen eine konstruktive und lösungsorientierte Kommunikationskultur. Indem man konstruktive Kommunikationstechniken gezielt einsetzt, kann man schwierige Geschäftspartner besser verstehen, Konflikte effektiv lösen und langfristige und vertrauensvolle Beziehungen aufbauen.

Empathie und Verständnis für andere Perspektiven

Empathie und Verständnis für die Perspektiven schwieriger Geschäftspartner sind essenzielle Fähigkeiten, um Konflikte zu entschärfen und eine erfolgreiche Zusammenarbeit zu ermöglichen. Indem man sich in die Lage des anderen versetzt und versucht, seine Sichtweise zu verstehen, zeigt man Respekt für die Individualität und die Bedürfnisse des Partners. Durch Empathie kann man Missverständnisse reduzieren, Konflikte präventiv angehen und die Kommunikation auf eine respektvolle und harmonische Basis stellen. Das Bemühen, die Motive, Vorstellungen und Wünsche des Gegenübers zu berücksichtigen, schafft eine Grundlage für vertrauensvolle Beziehungen und Konfliktlösungen auf Augenhöhe.

Das Zeigen von Empathie in schwierigen Situationen fördert das Verständnis für die Emotionen und Herausforderungen des Geschäftspartners. Durch einfühlsames Zuhören, die Anerkennung von Gefühlen und die Berücksichtigung der individuellen Bedürfnisse des Partners kann man Vertrauen aufbauen und die Beziehungsebene stärken. Empathie ermöglicht es, Konflikte nicht als Machtkampf, sondern als Möglichkeit für gemeinsame Lösungsfindung zu betrachten. Indem man sich umfangreich in die Position des anderen hineinversetzt, kann man die Ursachen für Konflikte besser verstehen und geeignete Strategien entwickeln, um gemeinsam zu einer win-win-Lösung zu gelangen.

Ein empathischer Umgang mit schwierigen Geschäftspartnern eröffnet neue Möglichkeiten für eine konstruktive Kommunikation und Zusammenarbeit. Durch das Wahrnehmen der emotionalen Dimensionen und die Berücksichtigung der individuellen Denkweisen kann man Konflikte entkräften und ein positives Arbeitsumfeld schaffen. Empathie ist ein Schlüsselfaktor für erfolgreiche Unternehmensbeziehungen und kann dazu beitragen, Konflikte zu reduzieren, die Zusammenarbeit zu verbessern und langfristige Partnerschaften zu stärken. In schwierigen Situationen ist Empathie somit ein unverzichtbares Element, um eine respektvolle, verständnisvolle und lösungsorientierte Beziehung zu schwierigen Geschäftspartnern zu pflegen.

Konfliktlösungstechniken

Die Fähigkeit, Konflikte konstruktiv zu lösen, ist unerlässlich, um ein harmonisches Arbeitsumfeld zu schaffen und erfolgreiche Beziehungen aufrechtzuerhalten. Konfliktlösungstechniken bieten effektive Strategien und Methoden, um Konfliktsituationen zu bewältigen, Meinungsverschiedenheiten zu klären und zu einer Win-Win-Lösung zu gelangen. Indem man über Kompetenzen in der Konfliktlösung verfügt, kann man Konflikte frühzeitig erkennen, professionell ansprechen und gemeinsam mit den Beteiligten konkrete Lösungen erarbeiten. Diese Einleitung widmet sich dem Thema der Konfliktlösungstechniken und präsentiert bewährte Methoden, um Konflikte erfolgreich zu managen und die Zusammenarbeit zu fördern.

Win-Win-Verhandlungstechniken

Win-Win-Verhandlungstechniken sind ein effektives Mittel zur Konfliktlösung, bei der das Ziel darin besteht, eine Lösung zu finden, von der alle Beteiligten profitieren. Bei dieser Art der Verhandlung geht es nicht darum, eine Partei zu besiegen oder zu überlisten, sondern vielmehr darum, gemeinsame Interessen zu identifizieren und auf ein gegenseitig vorteilhaftes Ergebnis hinzuarbeiten. Durch den Einsatz von Win-Win-Verhandlungstechniken können Konflikte auf eine partnerschaftliche und kooperative Weise gelöst werden, die langfristige und positive Beziehungen stärkt.

Eine Schlüsselkomponente von Win-Win-Verhandlungen ist das Verständnis der Bedürfnisse und Interessen aller Parteien. Indem man sich in die Lage des anderen versetzt und seine Perspektive und Motive berücksichtigt, kann man Möglichkeiten zur Schaffung einer Win-Win-Lösung identifizieren. Durch einfühlsame Kommunikation, das Aufzeigen von gemeinsamen Zielen und das Hervorheben von synergistischen Optionen können Verhandlungspartner gemeinsame, vorteilhafte Lösungen erarbeiten, die die Bedürfnisse und Prioritäten aller Seiten berücksichtigen.

Weitere wichtige Prinzipien von Win-Win-Verhandlungen sind die Suche nach integrativen statt distributiven Lösungen, der Fokus auf gemeinsame Gewinne und die Schaffung einer kooperativen Win-Win-Atmosphäre. Indem man Verständnis, Kooperation und Flexibilität zeigt, können Win-Win-Verhandlungstechniken dazu beitragen, Konfliktsituationen zu entschärfen, Missverständnisse zu klären und die Beziehungen zwischen den Parteien zu stärken. Durch den Einsatz von Win-Win-Verhandlungstechniken können schwierige Geschäftspartner besser verstanden, Kommunikationsbarrieren überwunden und nachhaltige Lösungen gefunden werden, die auf gegenseitiger Akzeptanz und Zusammenarbeit beruhen.

Mediation und Vermittlung

Mediation und Vermittlung sind bewährte Konfliktlösungstechniken, die darauf abzielen, Konfliktparteien zu unterstützen, um gemeinsam eine akzeptable Lösung zu finden. Mediation beinhaltet die Einbeziehung eines neutralen Dritten, des Mediators, der den Konfliktparteien hilft, ihre Standpunkte zu verstehen, Kommunikationsbarrieren zu überwinden und gemeinsam eine Einigung zu erzielen. Der Mediator fördert den Dialog, führt strukturiert durch den Verhandlungsprozess und unterstützt dabei, Vertrauen aufzubauen und die Interessen aller Beteiligten zu berücksichtigen. Durch Mediation können Konfliktparteien in einem geschützten Rahmen effektiv konsensorientierte Lösungen erarbeiten.

Vermittlung ist ein ähnlicher Prozess wie Mediation, bei dem eine neutrale Person – der Vermittler – eingreift, um zwischen den Konfliktparteien zu vermitteln und ihnen zu helfen, eine gemeinsame Lösung zu finden. Der Vermittler fungiert als Brückenbauer zwischen den unterschiedlichen Perspektiven und Interessen der Beteiligten, um die Kommunikation zu verbessern und eine konstruktive Konfliktlösung herbeizuführen. Durch die Vermittlung werden Konfliktparteien dazu ermutigt, aktiv an der Lösungsfindung teilzunehmen, Kompromisse einzugehen und Win-Win-Ergebnisse zu erzielen, die die Interessen aller berücksichtigen.

Mediation und Vermittlung eignen sich insbesondere für Konfliktsituationen, in denen die Kommunikation zwischen den Parteien gestört ist, Emotionen hochkochen oder keine Lösung in Sicht ist. Durch die neutrale, professionelle Moderation und Unterstützung eines Mediators oder Vermittlers können Konfliktparteien entlastet werden, ihre Perspektiven erweitern und gemeinsam nachhaltige Lösungen erarbeiten. Diese Konfliktlösungstechniken bieten eine strukturierte, vertrauliche und respektvolle Umgebung, um Konflikte aufzuarbeiten und Beziehungen zu verbessern, sodass eine langfristige und konstruktive Zusammenarbeit gefördert wird.

Konsensfindung und Kompromissbereitschaft

Die Konsensfindung und Kompromissbereitschaft sind wichtige Konfliktlösungstechniken, um in schwierigen Situationen eine gemeinsame Basis zu finden und Konflikte konstruktiv zu lösen. Bei der Konsensfindung geht es darum, eine Einigung zu erzielen, mit der alle Beteiligten zufrieden sind und die ihre Bedürfnisse und Interessen berücksichtigt. Dieser Prozess erfordert eine offene Kommunikation, das Suchen nach gemeinsamen Zielen und die Bereitschaft, auf die Standpunkte aller Parteien einzugehen. Durch das Zusammenführen von unterschiedlichen Sichtweisen und das Herstellen eines gemeinsamen Konsenses können Konfliktparteien zu einer Resolution gelangen, die auf Einvernehmen und gemeinsamer Zustimmung beruht.

Die Kompromissbereitschaft spielt ebenfalls eine wichtige Rolle bei der Konfliktlösung, da sie den Willen zeigt, aufeinander zuzugehen und einen Mittelweg zu finden, der die Bedürfnisse beider Seiten berücksichtigt. Kompromisse erlauben es, in Konfliktsituationen Flexibilität zu zeigen, anstatt starr an eigenen Positionen festzuhalten. Durch das Eingehen von Kompromissen können Konflikte deeskaliert und gemeinsame Lösungen erarbeitet werden, die den Interessen aller Parteien gerecht werden. Die Bereitschaft zu geben und zu nehmen, Verständnis für die Perspektiven der anderen Partei zu zeigen und pragmatische Lösungen zu finden, unterstützt den Aufbau von Vertrauen und die Förderung einer konstruktiven Zusammenarbeit.

Die Anwendung von Konsensfindung und Kompromissbereitschaft eröffnet die Möglichkeit, eine Win-Win-Lösung zu erzielen, die den Bedürfnissen aller Beteiligten gerecht wird und langfristig stabile Beziehungen fördert. Diese Techniken bieten einen strukturierten Ansatz, um Konflikte angemessen und fair zu lösen, selbst in schwierigen und verfahrenen Situationen. Indem man sich auf die Suche nach gemeinsamen Lösungen begibt und auf eine konstruktive Zusammenarbeit hinarbeitet, kann man Konfliktsituationen erfolgreich bewältigen und die Grundlage für eine positive, respektvolle und harmonische Beziehung legen.

Leadership Skills im Konfliktmanagement

Die Leadership Skills im Konfliktmanagement spielen eine entscheidende Rolle bei der erfolgreichen Bewältigung und Lösung von Konflikten innerhalb eines Teams oder Unternehmens. Führungskräfte, die über ausgeprägte Leadership Skills im Konfliktmanagement verfügen, sind in der Lage, Konflikte frühzeitig zu erkennen, angemessen damit umzugehen und konstruktive Lösungen zu finden. Dazu gehören Fähigkeiten wie Kommunikation, Empathie, Entscheidungsfindung, Konfliktlösung und die Fähigkeit, Teams zu motivieren und zu führen. Durch den Einsatz dieser Leadership Skills können Führungskräfte eine positive und produktive Arbeitsumgebung schaffen, in der Konflikte konstruktiv angegangen und gelöst werden.

Eine wichtige Leadership-Fähigkeit im Konfliktmanagement ist die Kommunikation. Führungskräfte müssen in der Lage sein, effektiv und klar zu kommunizieren, sowohl bei der Übermittlung von Informationen als auch beim Zuhören und Verstehen der Standpunkte anderer. Durch offene, transparente und respektvolle Kommunikation schaffen Führungskräfte eine vertrauensvolle Atmosphäre, in der Konflikte konstruktiv diskutiert und gelöst werden können. Darüber hinaus tragen Empathie und Konfliktlösungsfähigkeiten dazu bei, Konfliktsituationen sensibel zu behandeln und Win-Win-Lösungen anzustreben, die die Bedürfnisse aller Parteien berücksichtigen.

Eine weitere wichtige Leadership-Skill im Konfliktmanagement ist die Fähigkeit zur Entscheidungsfindung. Führungskräfte müssen in der Lage sein, fundierte Entscheidungen zu treffen, die auf objektiven Kriterien basieren und die Interessen aller Beteiligten berücksichtigen. Schnelles Handeln und klare Richtlinien in Konfliktsituationen können dazu beitragen, Eskalationen zu verhindern und einen konstruktiven Lösungsweg aufzuzeigen. Die Fähigkeit, Teammitglieder zu motivieren, zu inspirieren und zu unterstützen, ist ebenfalls eine wichtige Leadership-Qualität im Konfliktmanagement, da sie dazu beiträgt, eine positive Teamdynamik aufrechtzuerhalten und die Zusammenarbeit zu stärken. Durch den gezielten Einsatz von Leadership Skills im Konfliktmanagement können Führungskräfte dazu beitragen, Konflikte effektiv zu bewältigen, Teams zu stärken und langfristigen Unternehmenserfolg zu sichern.

Rolle der Führungskraft bei der Konfliktlösung

Die Rolle der Führungskraft bei der Konfliktlösung ist von entscheidender Bedeutung, um ein konstruktives und harmonisches Arbeitsumfeld zu schaffen. Führungskräfte tragen eine hohe Verantwortung dafür, Konflikten nicht auszuweichen, sondern sie proaktiv anzugehen und angemessen zu lösen. Dabei spielen ihre Leadership Skills eine wichtige Rolle, da sie für die Moderation, Vermittlung und Leitung von Konfliktlösungsgesprächen und -prozessen verantwortlich sind. Durch ihr Vorbild, ihre Fähigkeit zur Kommunikation und ihre Empathie haben Führungskräfte die Möglichkeit, Konflikte frühzeitig zu erkennen, die Ursachen zu analysieren und maßgeschneiderte Lösungswege zu erarbeiten.

Führungskräfte können durch ihre Leadership Skills im Konfliktmanagement nicht nur zur Konfliktlösung beitragen, sondern auch präventive Maßnahmen ergreifen, um Konflikte im Vorfeld zu vermeiden. Indem sie eine offene und transparente Kommunikationskultur fördern, klare Erwartungen setzen und Konfliktfrüherkennungsmechanismen implementieren, können Führungskräfte dazu beitragen, Konfliktpotenziale rechtzeitig zu identifizieren und proaktiv anzugehen. Darüber hinaus ist es wichtig, dass Führungskräfte als Vermittler und Unterstützer fungieren, um Konfliktparteien zu unterstützen, ihre Standpunkte zu verstehen und gemeinsame Lösungen zu finden. Eine Führungskraft, die in Konfliktsituationen vermittelt, kommuniziert und Lösungsorientierung zeigt, trägt maßgeblich dazu bei, dass Konflikte konstruktiv gelöst und die Zusammenarbeit gestärkt wird.

Eine weitere wichtige Rolle der Führungskraft bei der Konfliktlösung besteht darin, ein Umfeld zu schaffen, in dem konstruktive Konfliktlösung gefördert und wertgeschätzt wird. Führungskräfte können es durch ihre Leadership Skills ermöglichen, dass Teammitglieder offen über Konflikte sprechen, unterschiedliche Meinungen akzeptieren und gemeinsam nach Lösungen suchen. Indem sie klare Erwartungen setzen, ein unterstützendes Klima schaffen und Konfliktlösungsfähigkeiten fördern, tragen Führungskräfte dazu bei, dass Konflikte als Chance für Wachstum und Lernen wahrgenommen werden. Eine Führungskraft, die ihre Leadership Skills im Konfliktmanagement gezielt einsetzt, kann so maßgeblich zur Förderung einer konstruktiven Streitkultur, Teamarbeit und Unternehmenskultur beitragen.

Entwicklung von Konfliktlösungskompetenzen

Die Entwicklung von Konfliktlösungskompetenzen ist ein entscheidender Schritt für Führungskräfte, um effektiv mit Konflikten umzugehen und eine positive Teamdynamik zu fördern. Konfliktlösungskompetenzen umfassen Fähigkeiten wie Kommunikation, Empathie, Entscheidungsfindung, Verhandlungstechniken und Konfliktmanagementstrategien.

Indem Führungskräfte gezielt an der Entwicklung dieser Kompetenzen arbeiten, können sie Konflikte frühzeitig erkennen, angemessen ansprechen und konstruktive Lösungen finden. Die kontinuierliche Verbesserung von Konfliktlösungskompetenzen ermöglicht es Führungskräften, eine positive Konfliktkultur im Team zu schaffen und einen respektvollen Umgang mit Meinungsverschiedenheiten zu fördern.

Die Entwicklung von Konfliktlösungskompetenzen beinhaltet auch die Bereitschaft, sich mit eigenen Denkmustern, Reaktionen und Konfliktstilen auseinanderzusetzen. Führungskräfte sollten sich ihrer eigenen Kommunikationsvorlieben, Konfliktauslöser und Bewältigungsstrategien bewusst sein, um in Konfliktsituationen adäquat zu reagieren. Durch Selbstreflexion, Feedback von Kollegen und gezielte Weiterbildungsmaßnahmen können Führungskräfte ihre Konfliktlösungskompetenzen weiterentwickeln und ihre professionelle und persönliche Entwicklung fördern.

Die Entwicklung von Konfliktlösungskompetenzen kann durch Schulungen, Seminare, Coaching und Erfahrungsaustausch unterstützt werden. Führungskräfte sollten die Möglichkeit nutzen, ihre Konfliktlösungsfähigkeiten gezielt zu verbessern, indem sie trainieren, Feedback einholen und sich kontinuierlich weiterbilden. Das Beherrschen von Konfliktlösungskompetenzen trägt nicht nur zur individuellen Kompetenzentwicklung bei, sondern auch zur Stärkung des Teams und zur Schaffung einer gesunden Konfliktkultur im Unternehmen.

Durch die kontinuierliche Entwicklung und Verfeinerung von Konfliktlösungskompetenzen können Führungskräfte eine entscheidende Rolle bei der Bewältigung und Lösung von Konflikten spielen, die Teamleistung steigern und langfristigen Erfolg sicherstellen.

Best Practices und Fallbeispiele

Erfolgreiche Beispiele für den Umgang mit schwierigen Geschäftspartnern bieten wertvolle Einblicke in bewährte Praktiken und Strategien, um Konflikte konstruktiv zu lösen und positive Geschäftsbeziehungen aufrechtzuerhalten. Ein solches Fallbeispiel könnte die erfolgreiche Zusammenarbeit zwischen einem Lieferanten und einem Kunden sein, bei der es zu Meinungsverschiedenheiten kam, die das Projekt gefährdeten. Statt den Konflikt zu eskalieren, entschieden sich beide Parteien für eine offene und transparente Kommunikation, um die Ursachen für die Differenzen zu klären.

Ein weiteres Beispiel könnte der erfolgreiche Umgang einer Führungskraft mit einem schwierigen Mitarbeiter sein, der wiederholt unzufrieden war und die Teamdynamik beeinträchtigte. Anstatt den Mitarbeiter zu ignorieren oder zu bestrafen, entschied sich die Führungskraft für Empathie und Verständnis. Sie führte ein klärendes Gespräch, hörte die Sichtweise des Mitarbeiters an und arbeitete gemeinsam an einer Lösung, die die Bedürfnisse beider Seiten berücksichtigte. Durch den respektvollen Umgang und die konstruktive Konfliktlösung konnte die Teamarbeit gestärkt und das Arbeitsklima verbessert werden.

Ein weiteres Fallbeispiel könnte eine erfolgreiche Verhandlung zwischen zwei Geschäftspartnern sein, die unterschiedliche Vorstellungen von einem Projekt hatten. Statt in einen Konflikt zu geraten, nutzen beide Parteien Win-Win-Verhandlungstechniken, um nach gemeinsamen Lösungen zu suchen. Sie legten ihre Interessen offen auf den Tisch, suchten nach Kompromissen und fanden schließlich einen Weg, der für beide Seiten vorteilhaft war. Diese erfolgreichen Beispiele für den Umgang mit schwierigen Geschäftspartnern demonstrieren, wie durch eine proaktive und konstruktive Herangehensweise Konflikte gelöst, Beziehungen gestärkt und gemeinsame Ziele erreicht werden können.

Praxisorientierte Tipps und Empfehlungen

Praxisorientierte Tipps und Empfehlungen für den Umgang mit schwierigen Geschäftspartnern sind entscheidend, um Konflikte effektiv zu bewältigen und erfolgreiche Beziehungen aufrechtzuerhalten. Eine wichtige Empfehlung ist, Konflikte nicht zu ignorieren, sondern proaktiv anzugehen. Durch eine offene und transparente Kommunikation können Konfliktparteien die Ursachen für Meinungsverschiedenheiten verstehen und gemeinsam nach Lösungen suchen. Es ist auch empfehlenswert, Konflikte auf sachlicher Ebene zu behandeln und persönliche Animositäten außen vor zu lassen, um eine konstruktive Lösungsfindung zu fördern.

Ein weiterer praktischer Tipp ist die Anwendung von aktiver Zuhörtechniken, um die Sichtweise des Geschäftspartners zu verstehen und Empathie zu zeigen. Durch aufmerksames Zuhören, Zusammenfassen und Nachfragen können Missverständnisse vermieden und Konfliktpotenziale reduziert werden. Es ist ebenso wichtig, sich in die Position des Gegenübers zu versetzen und seine Interessen und Motive zu berücksichtigen, um eine gemeinsame Basis für die Lösung des Konflikts zu finden. Durch Empathie und Verständnis kann die Kommunikation verbessert und das Vertrauen gestärkt werden.

Darüber hinaus ist es empfehlenswert, Konfliktlösungstechniken wie Mediation, Vermittlung oder Win-Win-Verhandlungen einzusetzen, um Konflikte produktiv zu lösen. Den Einsatz eines neutralen Dritten, der als Vermittler agiert, kann dazu beitragen, dass Konfliktparteien ihre Standpunkte klären, Verständnis füreinander entwickeln und gemeinsame Lösungen finden. Durch den gezielten Einsatz von Konfliktlösungstechniken können schwierige Geschäftspartner besser verstanden und konstruktive Wege zur Beilegung von Konflikten gefunden werden. Es ist wichtig, diese praktischen Tipps und Empfehlungen im Umgang mit schwierigen Geschäftspartnern aktiv anzuwenden, um Konflikte effektiv zu bewältigen und erfolgreiche Beziehungen aufzubauen.

Fragen und Antworten

In diesem Kapitel werden wir einige der häufigsten Fragen und Antworten widmen wie "Wie kann ich Konflikte frühzeitig erkennen?" oder "Welche Schritte kann ich unternehmen, um Konflikte konstruktiv zu lösen?" Durch die Beantwortung dieser Fragen möchten wir dazu beitragen, dass die Leser besser für die Bewältigung von Konfliktsituationen gerüstet sind und ihre Konfliktlösungsfähigkeiten verbessern können.

Wie kann ich Konflikte frühzeitig erkennen?

Das frühzeitige Erkennen von Konflikten ist entscheidend, um sie proaktiv anzugehen und konstruktiv zu lösen. Es gibt verschiedene Anzeichen, die auf das Vorhandensein eines Konflikts hinweisen können. Dazu gehören unter anderem eine gestörte Kommunikation zwischen Teammitgliedern, erhöhte Spannungen oder Unstimmigkeiten bei der Zusammenarbeit, Missverständnisse oder Häufung von Meinungsverschiedenheiten.

Indem Sie auf diese Anzeichen achten und sensitiv für Veränderungen im Teamklima sind, können Sie bereits im Frühstadium einen Konflikt erkennen und rechtzeitig Maßnahmen ergreifen. Es ist wichtig, frühzeitig ein Gespräch mit den beteiligten Parteien zu suchen, um die Ursachen des Konflikts zu verstehen und gemeinsam nach Lösungsansätzen zu suchen. Durch eine offene und transparente Kommunikation können Konflikte rechtzeitig identifiziert und konstruktiv bearbeitet werden, bevor sie sich weiter entwickeln.

Welche Schritte kann ich unternehmen, um Konflikte konstruktiv zu lösen?

Um Konflikte konstruktiv zu lösen, ist es wichtig, die Kommunikation zu fördern, die Ursachen des Konflikts zu analysieren und nach Win-Win-Lösungen zu suchen. Durch die Anwendung bewährter Konfliktlösungstechniken und die Stärkung der Zusammenarbeit im Team können Konflikte effektiv gelöst und die Arbeitsatmosphäre verbessert werden.

Welche Strategien kann man nutzen, um mit einem schwierigen Geschäftspartner umzugehen?

Man kann versuchen, offene Gespräche zu führen, alternative Kommunikationswege zu nutzen oder auch einen Mediator hinzuziehen.

Wie kann man Konflikte innerhalb des Unternehmens konstruktiv lösen?

Konflikte können durch klare Kommunikation, das Festlegen von gemeinsamen Zielen und durch den Einsatz von Konfliktlösungstechniken wie Kompromissen oder Mediation gelöst werden.

Wie können Missverständnisse zwischen Geschäftspartnern vermieden werden?

Missverständnisse können vermieden werden, indem man regelmäßig kommuniziert, klare Vereinbarungen trifft und sich aktiv um eine gute Beziehung bemüht.

Welche Rolle spielt Empathie im Umgang mit schwierigen Geschäftspartnern?

Empathie ist wichtig, um die Perspektive des anderen zu verstehen, Konflikte auf emotionaler Ebene zu lösen und Beziehungen zu stärken.

Wie kann man als Führungskraft die Teammitglieder bei innerbetrieblichen Konflikten unterstützen?

Führungskräfte können Teams unterstützen, indem sie als Vermittler auftreten, klare Richtlinien für die Konfliktlösung festlegen und ein offenes Kommunikationsklima schaffen.

Welche Rolle spielen Kommunikationsfähigkeiten im Umgang mit schwierigen Geschäftspartnern?

Gute Kommunikationsfähigkeiten sind entscheidend, um Konflikte anzusprechen, Bedürfnisse klar zu kommunizieren und gemeinsame Lösungen zu finden.

Wie können langfristige Partnerschaften trotz innerbetrieblicher Konflikte aufrechterhalten werden?

Langfristige Partnerschaften können durch konstruktive Konfliktlösung, den Aufbau von Vertrauen und eine offene Kommunikation trotz Schwierigkeiten aufrechterhalten werden.

Wie können schwierige Geschäftspartner identifiziert werden?

Schwierige Geschäftspartner können durch unklare Kommunikation, Widerstände bei Veränderungen oder Konflikte mit anderen Teammitgliedern auffallen.

Wie kann ein innerbetrieblicher Konflikt das Arbeitsumfeld beeinflussen?

Innerbetriebliche Konflikte können zu Spannungen, Missverständnissen und Unzufriedenheit führen, was sich negativ auf die Teamdynamik und die Leistung auswirken kann.

Welche Rolle spielt die Führungskraft bei der Bewältigung innerbetrieblicher Konflikte?

Führungskräfte haben die Aufgabe, Konflikte zu erkennen, zu moderieren und konstruktive Lösungen zu fördern, um ein positives Arbeitsumfeld zu schaffen.

Wie können Konflikte zwischen verschiedenen Abteilungen innerhalb eines Unternehmens gelöst werden?

Durch regelmäßige Abstimmung, Offenheit für andere Perspektiven und das Suchen nach gemeinsamen Zielen können Konflikte zwischen Abteilungen gelöst werden.

Welche Rolle spielt die Konfliktlösungskompetenz bei der Bewältigung innerbetrieblicher Konflikte?

Konfliktlösungskompetenz umfasst Fähigkeiten wie Kommunikation, Empathie und Strategien zur Konfliktlösung, die dabei helfen, Konflikte erfolgreich zu bewältigen.

Schlusswort

In dem Buch "Umgang mit schwierigen Geschäftspartnern - Der innerbetriebliche Konflikt" haben wir wichtige Strategien, Techniken und Empfehlungen betrachtet, um Konflikte konstruktiv zu lösen und erfolgreiche Beziehungen zu pflegen. Der Umgang mit schwierigen Geschäftspartnern stellt eine Herausforderung dar, die jedoch mit Empathie, Kommunikation und vertrauensbildenden Maßnahmen gemeistert werden kann. Durch die Entwicklung von Leadership Skills im Konfliktmanagement, die Anwendung von bewährten Konfliktlösungstechniken und die Implementierung praxisorientierter Tipps können Konfliktsituationen umgewandelt und in Chancen für Wachstum und Zusammenarbeit verwandelt werden.

Es ist entscheidend, Konflikte nicht als Hindernisse, sondern als Möglichkeiten zur Weiterentwicklung und Stärkung von Beziehungen zu verstehen. Die wirksame Bewältigung von innerbetrieblichen Konflikten erfordert ein hohes Maß an Professionalität, Diplomatie und Einfühlungsvermögen. Indem wir konstruktive Kommunikation pflegen, konsensuale Lösungswege suchen und Empathie zeigen, können wir einen positiven Beitrag zur Lösung von Konflikten leisten und eine harmonische Arbeitsumgebung fördern.

Abschließend möchte ich Sie dazu ermutigen, die Erkenntnisse aus diesem Buch in die Praxis umzusetzen und sie als Leitfaden für den Umgang mit schwierigen Geschäftspartnern zu nutzen. Die Fähigkeit, Konflikte professionell zu bewältigen und konstruktiv zu lösen, trägt nicht nur zur persönlichen Weiterentwicklung bei, sondern stärkt auch das Arbeitsklima und fördert den langfristigen Erfolg sowohl auf persönlicher als auch auf unternehmerischer Ebene. Vielen Dank, dass Sie sich mit diesem wichtigen Thema auseinandergesetzt haben und ich hoffe, dass die Inhalte dieses Buches Ihnen dabei helfen, zukünftige Herausforderungen souverän zu meistern.

Ich möchte Sie ermutigen, weiterhin nach Exzellenz zu streben, Neues zu lernen und mutige Entscheidungen zu treffen. Die Gründung einer GmbH ist nicht nur der Start eines Unternehmens, sondern auch der Beginn eines aufregenden und herausfordernden Unternehmensabenteuers. Gehen Sie mit Begeisterung, Entschlossenheit und Zuversicht voran – und seien Sie gewiss, dass wir stets bereit sind, Ihnen bei jedem Schritt zur Seite zu stehen.

Vielen Dank, dass Sie dieses Buch gelesen haben. Ich wünsche Ihnen viel Erfolg, Freude und Erfüllung auf Ihrem Weg zur Entwicklung von Konfliktlösungskompetenzen und zum Aufbau positiver Beziehungen mit schwierigen Geschäftspartnern.

Mit besten Grüßen,

Stefan Stelzhammer

Track Record - Stefan Stelzhammer

Meine **Erfahrung als Berater und Mediator** erstreckt sich über viele Jahre hinweg. In dieser Zeit konnte ich eine Vielzahl von Fällen erfolgreich abschließen und sowohl Privatpersonen als auch Unternehmen dabei helfen, Konflikte aufzulösen und langfristige Lösungen zu entwickeln. Dabei ist es mir stets wichtig gewesen, individuelle Bedürfnisse und Anforderungen zu berücksichtigen und maßgeschneiderte Lösungen anzubieten.

Als Mediator unterstütze ich Unternehmen bei der Lösung von Konflikten mit ihren Kunden oder Partnern. Mit meinem diplomatischen Geschick und meiner ausgeprägten Kommunikationsfähigkeit gelingt es mir oft, eine Win-Win-Situation herbeizuführen und somit beide Parteien zufriedenzustellen. Als Mediator begegne ich im Alltag vielen verschiedenen Themen und Herausforderungen.

Ein besonders spannendes Feld ist zudem die Abwicklung und Begleitung von **Firmengründungen**. Hier arbeite ich eng mit Gründern zusammen und helfe ihnen bei der **Entwicklung ihres Unternehmenskonzeptes** sowie in allen Phasen des Gründungsprozesses.

Ein weiterer großer Aufgabenbereich ist die **Streitschlichtung** zwischen **Mietern und Vermietern** bzw. **Hausverwaltungen**. Hierbei geht es oft um Fragen der Mietpreisgestaltung, Kündigungsfristen oder auch um **Schadensersatzansprüche**.

Als erfahrener Mediator im Bereich Sozialversicherungsrecht habe ich bereits viele erfolgreiche Abwicklungen von **Pension, Pflegegeld, Invaliditätspension** und weiteren Leistungen im Rahmen der Sozialverischerung wie **Rezeptgebührenbefreiung, Kur- und Rehaaufenthalte** begleitet.

Durch meine langjährige Tätigkeit als Mediator verfüge ich über ein breites Netzwerk an Experten und Fachleuten wie Ärzte, Anwälte, Notare, Wirtschaftstreuhänder und vieles mehr die im Rahmen einer Abwicklung von Fällen unerlässlich sind.

Auch **Scheidungsverfahren** gehören zu meinem Arbeitsalltag als Mediator. Dabei unterstütze ich Paare dabei, eine einvernehmliche Lösung zu finden und begleite sie durch den Prozess der Trennung.

Meine **jahrzehntelange Erfahrung** in der **Versicherungsbranche** sowohl im Innen- als auch im Außendienst hat mir dabei geholfen, ein umfassendes Verständnis für die Bedürfnisse und Anforderungen meiner Kunden zu entwickeln. Als **selbstständiger Berater und Mediator** konnte ich dieses Wissen dann nutzen, um individuelle Lösungen für meine Klienten zu finden.

Durch meine **langjährige Tätigkeit im Versicherungsvertrieb (inkl. Aufbau eines eigenes Vertriebsteams)** verfüge ich über ein tiefgreifendes Verständnis für die Anforderungen des Marktes sowie für die Bedürfnisse meiner Kunden. Hierbei konnte ich mich insbesondere in den Bereichen **Krankenversicherung**, **Lebensversicherung** und **Sachversicherung** spezialisieren und konnte dabei auch meine Fähigkeiten in der **Schadenabwicklung** weiter ausbauen.

Meine Erfahrung im Versicherungswesen ermöglicht es mir, schnell und effektiv zu handeln. Ich weis genau, welche Schritte notwendig sind, um die bestmögliche Entschädigung für Sie als Kunden zu erzielen. Dank meiner langjährigen Erfahrung und meinem unermüdlichen Einsatz können Sie sich auf mich verlassen, wenn es darum geht, Ihre Interessen bei **Versicherungsschäden** durchzusetzen.

In den letzten Jahren habe ich mich intensiv mit Themen wie **Mediation**, **Versicherung** sowie **Trennung- und Scheidung** auseinandergesetzt und als **Autor** mehr als 20 Bücher zu diesen Bereichen veröffentlicht.

Als **Geschäftsführer** eines erfolgreichen Start-up-Unternehmens konnte durch meine Planung und Durchführung maßgeblich zum Erfolg des Unternehmens beigetragen. Schließlich kam es zum Verkauf des Unternehmens an eine ungarische Investorengruppe. Auch hier konnte ich meine Fähigkeiten als Geschäftsführer unter Beweis stellen: Ich sorgte dafür, dass der Verkaufsprozess reibungslos verlief und das Unternehmen zu einem attraktiven Preis verkauft wurde.

Ich bin stolz darauf, vielen Menschen in schwierigen Situationen geholfen zu haben und freue mich darauf, auch in Zukunft gemeinsam mit meinen Klienten erfolgreich zu sein.

Mit freundlichen Grüßen,

Stefan STELZHAMMER

Mediator und Buchautor
Tel.: 0664 230 2958
Mail: mediation@stelzhammer.info
www.stelzhammer.info
https://stelzhammer.info/publikationen

Meine Internetpräsenz

Um stets auf dem neuesten Stand zu bleiben, lieber Leser, können Sie jederzeit die Websites stelzhammer.info oder https://www.instagram.com/stefan.stelzhammer besuchen und meine aktuellen Buchveröffentlichungen verfolgen.

In meinen Publikationen möchte ich Ihnen helfen, Ihre Konflikte eigenständig zu lösen und Ihnen dabei das erforderliche Wissen vermitteln. Zusätzlich stehe ich gerne für persönliche Termine zur Verfügung, um den Konflikt gemeinsam mit Ihnen zu besprechen.

Sofern Sie zu dem hier vorliegenden Werk Fragen, Anregungen, Lob oder Kritik haben, freuen wir uns über eine Kontaktaufnahme
unter www.stelzhammer.info oder per E-Mail
an mediation@stelzhammer.info.

Mit freundlichen Grüßen,
Stefan Stelzhammer

STEFAN.STELZHAMMER

Weiterführende Informationen

Als weiterführende Lektüre empfehle ich folgende Werke von mir zu lesen:

Die einvernehmliche Scheidung: eine gemeinsame Entscheidung
// ISBN-13 : 979-8590869091

Mein aktuelles Buch beschäftigt sich mit allen Blickwinkeln rund um die einvernehmliche Scheidung. Dabei gehe ich sehr genau auf den Scheidungsantrag, die Scheidungsvereinbarung und die Scheidungsverhandlung, die gesetzlichen Regelungen, sowie die Voraussetzungen für das erfolgreiche Zustandekommen einer einvernehmlichen Scheidung ein. Als Ratgeber konzipiert, soll Ihnen dieses Buch das nötige Rüstzeug für Ihre eigene Scheidung geben und Sie auf Ihrem Weg zu einem neuen Leben begleiten.

Wirtschaftsmediation: Konflikte im Unternehmen
// ISBN-13 : 979-8689950808

Anhand einer detailgetreuen Reflexion meiner Praxiserfahrung befasse ich mich mit den Alltagsproblemen und Herausforderungen von Unternehmen und zeige Ihnen in weiterer Folge erfolgreiche Wege aus einer Konfliktsituation.

Alle meine Bücher finden Sie auch auf
www.amazon.de
oder unter
https://stelzhammer.info/publikationen

STEFAN STELZHAMMER

"Die Kunst, mit schwierigen Geschäftspartnern umzugehen, besteht darin, nicht nur Konflikte zu lösen, sondern auch Beziehungen zu stärken und Vertrauen aufzubauen. Indem wir auf Respekt, Kommunikation und Empathie setzen, schaffen wir nicht nur Harmonie im Arbeitsumfeld, sondern legen auch den Grundstein für nachhaltige und erfolgreiche Geschäftsbeziehungen."